समर्पण

उन लोगों के नाम
जो ज़िन्दगी में आए,
कुछ सिखाया,
और फिर
खामोशियों में बदल गए।

"कुछ रास्ते मंज़िल तक नहीं जाते,
वे हमें
खुद तक ले जाते हैं।"

प्रस्तावना

कभी शब्द बहुत कुछ कह जाते हैं,
और कभी खामोशी
सबसे गहरी कहानी बन जाती है।

ये किताब
उन्हीं खामोशियों की यात्रा है।

कभी इसमें बारिश की हल्की धुन है,
कभी यादों की धुंधली गलियाँ,
कभी रिश्तों की गर्माहट
और कभी तन्हाई की लंबी रात।

इन कविताओं में
एक मुसाफ़िर है,
जो रास्तों से सवाल करता है
और हर सुबह
उम्मीद की एक नई वजह ढूँढता है।

अगर इन पन्नों में
आपको अपनी कहानी मिल जाए,
तो समझिए
ये सफ़र बेकार नहीं गया।

विषय-सूची

भाग I
रास्तों की तलाश

१. नीलामी

नीलाम हो गई है
ये ज़िन्दगी मेरी
सच कहने की कीमत पर।

इस शहर के बाज़ार में
झूठ की बोली
हमेशा ऊँची लगती है।

यहाँ सच अक्सर
खामोश खड़ा रह जाता है,
और झूठ
तालियों के बीच
सर उठाकर चलता है।

मैंने सच कहा,
तो लोग
हल्की सी मुस्कान के साथ
आगे बढ़ गए।

किसी ने सुना नहीं,
किसी ने ठहरकर
पूछा भी नहीं।

और जिसने झूठ कहा
वही सबसे अमीर बन गया।

२. किनारा

अनजान पहेलियों में उलझने से बेहतर है
किसी सुलझे हुए किनारे की ओर बढ़ना।

क्योंकि कई बार
सवाल इतने गहरे होते हैं
कि उनका जवाब
सिर्फ उलझन ही बन जाता है।

समंदर की लहरें
हर किसी को बुलाती हैं,
अपनी चमक और शोर से
हर मुसाफ़िर को
अपनी ओर खींच लेती हैं।

पर सच यही है -
हर किसी को
किनारा नहीं मिलता।

कुछ लोग
लहरों के साथ बहते रहते हैं,
और कुछ
उसी समंदर में
अपना रास्ता खो देते हैं।

ज़िन्दगी भी
कुछ ऐसी ही है।
किसी को रास्ता मिल जाता है
और कोई
लहरों में ही भटकता रहता है।

३. कांच की कश्ती

कांच की कश्ती में बैठकर
मैं समंदर की सैर को निकला।

लहरें शांत थीं,
और चाँदनी
पानी पर चुपचाप
बिखरी हुई थी।

रात गहरी थी,
चारों तरफ
बस पानी की हल्की सरसराहट
और दूर कहीं
हवा की धीमी आहट।

ऐसा लगता था
जैसे पूरा समंदर
किसी खामोश कहानी में
डूबा हुआ हो।

तभी
समंदर ने जैसे पूछा -
डर नहीं लगता?

मैं मुस्कुरा दिया।
जो पहले ही
डूब चुका हो
उसे लहरों से
क्या डर।

४. मुसाफ़िर

मैं रास्तों पर चलता रहा
बिना ये जाने
कि मंज़िल कहाँ है।

कभी धूप मिली,
कभी लंबी रातें,
कभी थकान ने
कदमों को धीमा कर दिया।

कई मोड़ ऐसे आए
जहाँ रास्ता धुंधला था,
और आगे बढ़ने का
कोई साफ़ निशान नहीं था।

फिर भी
मैं चलता रहा,
क्योंकि रुक जाना
शायद सफ़र का अंत होता।

और धीरे-धीरे सफ़र ने
एक बात सिखा दी -

चलते रहो,
रास्ते खुद बनते चले जाते हैं।

५. ठहराव

कभी कभी
रुक जाना भी ज़रूरी होता है।

सफ़र लंबा हो
तो साँसें भी
आराम माँगती हैं।

लगातार चलते रहने से
कदम थक जाते हैं,
और मन भी
कुछ पल की खामोशी चाहता है।

ऐसे में
थोड़ा ठहरना
कमज़ोरी नहीं होता।

ठहराव
हार नहीं होता।

कभी कभी
यही वह पल होता है
जब इंसान

अपने रास्ते को
फिर से समझता है।

और फिर
नई हिम्मत के साथ
आगे बढ़ने का साहस जुटाता है।

६. शुरुआत

हर सुबह
एक नया पन्ना है।

रात की खामोशी के बाद
जब सूरज उगता है,
तो लगता है
जैसे ज़िन्दगी
फिर से हमें
एक मौका दे रही हो।

कल की गलतियाँ
आज की सीख बन जाती हैं,
और बीते हुए लम्हे
धीरे-धीरे
तजुर्बों में बदल जाते हैं।

ज़िन्दगी
रुकती नहीं।

वह हर दिन
हमें आगे बढ़ने का
एक नया रास्ता दिखाती है।

भाग II
रिश्तों की धूप

७. तेरी मुस्कान

तेरी मुस्कान
बहुत खूबसूरत है।

इतनी कि
थकी हुई शाम भी
उसमें सुकून ढूँढ ले।

जब तू हँसती है
तो लगता है
जैसे रात के आसमान में
अचानक
चाँद उतर आया हो।

उस मुस्कान में
एक अजीब सी रोशनी है,
जो कुछ पल के लिए
दुनिया की सारी थकान
भुला देती है।

पर अजीब बात है
अब वही मुस्कान देखकर भी
मैं
हँस नहीं पाता।

८. निगाहें

तेरी निगाहों में
कुछ ऐसा था
जो शब्दों में नहीं था।

एक खामोश एहसास,
जो दिल तक उतर जाता था
बिना किसी दस्तक के।

कभी कभी
आँखें
वो कह देती हैं
जो ज़ुबान
कभी कह नहीं पाती।

तेरी उन चुप निगाहों में
जैसे कोई अधूरी कहानी थी,
कुछ अनकहे लफ़्ज़ थे,
और
कुछ छुपे हुए सवाल।

९. दूरी

दूरी सिर्फ
कदमों की नहीं होती।

कभी कभी
लोग पास होते हुए भी
बहुत दूर हो जाते हैं।

एक ही शहर में रहकर भी
दिलों के बीच
फासले बढ़ जाते हैं,
और बातें
खामोशियों में बदल जाती हैं।

और कभी
कोई बहुत दूर होकर भी
दिल के सबसे करीब रहता है।

उसकी यादें
हर रोज़ साथ चलती हैं,
जैसे सफ़र में
कोई अदृश्य हमसफ़र हो।

१०. साथ

किसी का साथ
बहुत बड़ी नेमत होता है।

ज़िन्दगी के रास्ते
कभी आसान नहीं होते,
कभी धूप मिलती है,
कभी थकान भरी शामें।

कई मोड़ ऐसे आते हैं
जहाँ कदम
रुक से जाते हैं।

पर अगर कोई
साथ चल रहा हो,
तो वही रास्ते
थोड़े हल्के लगने लगते हैं।

बातें छोटी हों
या खामोशियाँ लंबी,
साथ होने का एहसास
दिल को हिम्मत देता है।

११. एक मुलाकात

कभी एक छोटी सी मुलाकात
ज़िन्दगी बदल देती है।

बस कुछ पल की बात होती है,
कुछ लम्हों की बातचीत,
पर उसका असर
बहुत दूर तक साथ चलता है।

कुछ लोग
बस थोड़ी देर के लिए आते हैं,
जैसे राह चलते
कोई मुसाफ़िर मिल जाए।

वे ज़्यादा देर नहीं ठहरते,
पर जाते जाते
दिल में
एक गहरी छाप छोड़ जाते हैं।

१२. अधूरी बात

कुछ बातें
कभी पूरी नहीं होतीं।

वे होंठों तक आकर
ठहर जाती हैं,
जैसे कोई शब्द
अपनी राह भूल गया हो।

धीरे धीरे
वही बातें
खामोशी में बदल जाती हैं,
और दिल के किसी कोने में
चुपचाप बस जाती हैं।

कभी किसी याद के साथ
फिर से लौट आती हैं,
और एहसास दिलाती हैं
कि कुछ कहानियाँ
कहने के लिए नहीं होतीं।

वे बस
अधूरी रहकर ही
हमारे भीतर
हमेशा के लिए
ज़िंदा रहती हैं।

भाग III
यादों का शहर

१३. अलमारी

पुरानी अलमारी में
कुछ चिट्ठियाँ रखी हैं।

काग़ज़ पुराने हो गए हैं,
पर उनमें लिखे शब्द
अब भी ताज़ा हैं।

जब भी उन्हें खोलता हूँ
तो लगता है
जैसे समय
थोड़ी देर के लिए ठहर गया हो।

हर चिट्ठी में
कुछ हँसी छुपी है,
कुछ अधूरे एहसास
और कुछ अनकही बातें।

यादें
शायद कभी पुरानी नहीं होतीं।

वे बस
पुराने काग़ज़ों में
खामोशी से सोती रहती हैं,
और किसी दिन
फिर से जाग जाती हैं।

१४. नया मकान

नया मकान बना लिया,
पर घर नहीं बना।

ईंटों की दीवारें खड़ी हो गईं,
खिड़कियाँ भी लग गईं,
दरवाज़े भी सज गए,
पर वो अपनापन
कहीं खो सा गया।

इस जगह में सन्नाटा है,
जहाँ कभी
हँसी की गूँज होती थी।

वो छोटी छोटी बातें,
वो साथ बैठकर गुज़रे लम्हे,
वो आवाज़ें
कहीं पीछे छूट गईं।

१५. याद

कुछ यादें
बारिश की तरह होती हैं।

धीरे धीरे गिरती हैं,
बिना किसी शोर के
दिल तक उतर आती हैं।

कभी किसी पुराने गीत में,
कभी किसी खुशबू में,
और कभी
एक खामोश शाम में
अचानक लौट आती हैं।

वे लम्हे
फिर से आँखों के सामने
जी उठते हैं,
जैसे समय
कुछ पल के लिए
पीछे मुड़ गया हो।

१६. बचपन

बचपन
कितना छोटा शब्द है,
और कितनी बड़ी दुनिया।

जहाँ छोटी छोटी खुशियाँ
सबसे बड़ी लगती थीं,
और छोटी सी बात पर
दिल खिल उठता था।

न कोई चिंता थी,
न कल की फिक्र,
बस हर दिन
एक नया खेल लगता था।

मिट्टी में खेलना,
बारिश में भीगना,
और बेवजह हँसते रहना
यही तो पूरी दुनिया थी।

अब जब पीछे मुड़कर देखते हैं,
तो समझ आता है
कि वही छोटे छोटे लम्हे
ज़िन्दगी के सबसे
खूबसूरत दिन थे।

१७. पुराना शहर

कभी उस शहर में लौटता हूँ
जहाँ
मेरी यादें रहती हैं।

गलियाँ वही हैं,
दीवारें भी वही हैं,
कुछ पुराने दरवाज़े
अब भी वैसे ही खड़े हैं।

पर लोग
बदल चुके हैं।

वो चेहरे
जो कभी हर मोड़ पर मिल जाते थे,
अब कहीं दिखाई नहीं देते।

कदम जब
उन गलियों से गुज़रते हैं
तो लगता है
जैसे समय आगे बढ़ गया
पर मेरी कुछ यादें
वहीं ठहर गईं।

शहर तो वही है,
पर अब
बस यादें ही
मुझे पहचानती हैं।

१८. तस्वीर

एक पुरानी तस्वीर
अब भी मुस्कुरा रही है।

समय आगे बढ़ गया,
कई मौसम बदल गए,
कई रास्ते
अपनी दिशा बदल चुके हैं।

पर उस तस्वीर में
कैद वो पल
अब भी वैसा ही है।

वो मुस्कान
जो उस दिन चेहरे पर थी,
आज भी
उतनी ही सच्ची लगती है।

जब भी उस तस्वीर को देखता हूँ
तो लगता है
जैसे समय
कुछ देर के लिए ठहर गया हो।

खामोशियों के उस पार

कभी कभी
खामोशियाँ भी
बहुत कुछ कहती हैं।

वे उन बातों की गवाही देती हैं
जो शब्दों में नहीं उतर पातीं।

दिन की भीड़ में
हम बहुत कुछ कह जाते हैं,
पर रात की तन्हाई में
दिल
अपनी सच्ची कहानी सुनाता है।

कभी किसी पुराने रास्ते पर चलते हुए
अचानक
एक याद लौट आती है।

वही पुराना मोड़,
वही अधूरी मुस्कान,
और वही एहसास
जो समय के साथ भी
कहीं खोया नहीं।

हम सोचते हैं
कि हम आगे बढ़ गए हैं,
पर सच तो यह है
कि कुछ लम्हे
हमारे भीतर ही
ठहर जाते हैं।

वे चुपचाप
दिल की दीवारों पर
अपनी छाया छोड़ जाते हैं।

कभी किसी गीत में,
कभी किसी खुशबू में,
और कभी
एक खामोश शाम में
वे फिर से जाग उठते हैं।

तभी समझ आता है
कि सफ़र सिर्फ
रास्तों का नहीं होता।

यह सफ़र
हमारे भीतर भी चलता रहता है।

हर मोड़
हमें थोड़ा बदल देता है,
हर ठहराव
हमें कुछ नया सिखा जाता है।

और धीरे धीरे
हम समझने लगते हैं
कि मंज़िल
सिर्फ पहुँचने का नाम नहीं है।

मंज़िल, वह समझ है
जो सफ़र के बाद मिलती है।

शायद इसी सफ़र के दौरान
हम खुद से मिलते हैं।

और जब
हम अपने भीतर की आवाज़
सुनना सीख लेते हैं,
तभी हम पहुँचते हैं
उन खामोशियों के उस पार
जहाँ उम्मीद अब भी
रोशनी की तरह
जल रही होती है।

भाग IV
खामोश सच्चाइयाँ

१९. अंधेरों की देन

इन अंधेरों से
मेरा रिश्ता पुराना है।

रोशनी तो
बहुत बाद में आई थी।

शुरुआत में
बस सन्नाटा था,
लंबी रातें थीं,
और कुछ अनकहे डर
जो मन के कोनों में छिपे रहते थे।

धीरे धीरे
मैंने उन्हीं अंधेरों में
रास्ते तलाशना सीख लिया।

शायद इसलिए
जब अंधेरा आता है
मैं डरता नहीं।

२०. सच

सच हमेशा
आसान नहीं होता।

कभी वह
तन्हा खड़ा रहता है
भीड़ के सामने।

उसकी आवाज़
ज़्यादा ऊँची नहीं होती,
पर उसके शब्द
दिल तक पहुँच जाते हैं।

लोग अक्सर
उससे नज़रें चुरा लेते हैं,
क्योंकि सच
कभी कभी
आईने की तरह होता है।

वह हमें
वैसा ही दिखा देता है
जैसे हम सच में हैं।

२१. दुनिया

दुनिया
बहुत अजीब जगह है।

यहाँ लोग
चेहरे बदलते रहते हैं,
और मुस्कान के पीछे
कई राज़ छुपा लेते हैं।

कभी जो अपने लगते हैं
वही
वक़्त के साथ
अजनबी बन जाते हैं।

यहाँ रिश्ते भी
मौसम की तरह बदल जाते हैं,
कभी धूप की तरह गर्म
तो कभी
बादलों की तरह दूर।

फिर भी
इसी दुनिया में
कुछ लोग ऐसे भी होते हैं
जो हर हाल में
साथ निभाते हैं।

२२. समय

समय
सबसे बड़ा शिक्षक है।

यह
धीरे धीरे
सब कुछ सिखा देता है।

बिना शब्दों के
बिना किसी किताब के
यह जीवन के
सबसे गहरे पाठ पढ़ाता है।

कभी गिराकर,
कभी संभालकर,
कभी इंतज़ार करवाकर
यह हमें समझाता है
कि हर चीज़
अपने समय पर ही होती है।

और जब
हम पीछे मुड़कर देखते हैं,
तो एहसास होता है
कि वही समय
हमारा सबसे बड़ा
मार्गदर्शक था।

२३. आईना

आईना
हमेशा सच दिखाता है।

वह
कुछ छुपाता नहीं,
कुछ बदलता नहीं,
बस वही दिखाता है
जो सामने होता है।

पर हम कई बार
देखना नहीं चाहते।

क्योंकि सच
हमेशा आसान नहीं होता,
कभी वह
हमारी कमज़ोरियाँ भी
साफ़ दिखा देता है।

इसलिए
लोग आईने से नहीं,
अपने सच से
नज़रें चुरा लेते हैं।

२४. तन्हाई

तन्हाई
हमेशा बुरी नहीं होती।

कभी कभी
यही
हमें खुद से मिलाती है।

जब चारों ओर
शोर कम हो जाता है,
और दुनिया
कुछ पल के लिए
चुप हो जाती है,
तभी
अपने दिल की आवाज़
साफ़ सुनाई देती है।

तन्हाई के उन्हीं लम्हों में
हम अपने डर,
अपने सपने
और अपने सच को
थोड़ा और समझते हैं।

शायद इसलिए
तन्हाई
सिर्फ अकेलापन नहीं,
कभी कभी
खुद से मिलने का
सबसे सच्चा रास्ता होती है।

भाग V
उम्मीद की सुबह

२५. जादूनगरी

मैं एक ऐसी जगह बनाना चाहता हूँ
जहाँ दुखों की गहराई न हो।

जहाँ उम्मीद
हर सुबह की धूप की तरह
दरवाज़े पर दस्तक दे।

जहाँ रिश्ते
सिर्फ शब्दों में नहीं,
दिलों में बसते हों।

जहाँ मुस्कानें
बिना वजह भी खिल उठें,
और कोई भी
खुद को अकेला महसूस न करे।

जहाँ भरोसा
हर रिश्ते की नींव हो,
और लोग
एक दूसरे की खुशियों में
अपना हिस्सा ढूँढ लें।

२६. उम्मीद

उम्मीद
एक छोटी सी रोशनी है।

अंधेरी रातों में भी
जो
रास्ता दिखा देती है।

जब चारों ओर
सिर्फ सन्नाटा हो,
और हर दिशा
धुंधली सी लगे,
तभी यह चुपचाप
दिल में जल उठती है।

यह कहती है -
रात चाहे कितनी भी लंबी हो,
सुबह ज़रूर आएगी।

उम्मीद
छोटी ज़रूर होती है,
पर वही
थके हुए कदमों को
फिर से चलना सिखा देती है।

और शायद
इसी छोटी सी रोशनी की वजह से
इंसान
हर मुश्किल के बाद भी
आगे बढ़ता रहता है।

२७. नई सुबह

हर रात के बाद
सुबह आती है।

यही
ज़िन्दगी का सबसे बड़ा सच है।

चाहे रात कितनी भी लंबी हो,
चाहे अंधेरा कितना भी गहरा हो,
आसमान के किसी कोने से
एक हल्की सी रोशनी
फिर जन्म लेती है।

धीरे धीरे
वही रोशनी
पूरी दुनिया को
जगा देती है।

शायद
ज़िन्दगी भी ऐसी ही है -
मुश्किलें चाहे कितनी भी हों,
हर दर्द के बाद
एक नई सुबह
हमारा इंतज़ार करती है।

२८. उड़ान

पंख छोटे हों
तो क्या।

हौसले बड़े हों
तो आसमान
खुद रास्ता दे देता है।

कदम भले ही
धीरे बढ़ें,
पर अगर दिल में
सपनों की आग हो
तो सफ़र
रुकता नहीं।

कई बार
डर हमें रोकता है,
और कई बार
लोग कहते हैं
कि यह मुमकिन नहीं।

पर जब इंसान
अपने हौसलों पर भरोसा कर ले,
तो वही छोटे पंख
एक दिन
उसे बहुत ऊँचा
उड़ा देते हैं।

२९. विश्वास

विश्वास
सबसे बड़ी ताकत है।

जब इंसान
खुद पर भरोसा कर ले,
तो रास्ते
खुद बन जाते हैं।

कई बार
मंज़िल दूर लगती है,
और कदम
थकने लगते हैं।

पर अगर दिल में
विश्वास ज़िंदा हो,
तो हर मुश्किल
थोड़ी आसान लगने लगती है।

क्योंकि
विश्वास वही शक्ति है
जो गिरने के बाद भी
इंसान को
फिर से खड़ा होना सिखाती है।

और शायद
इसी भरोसे के सहारे
सपने
हक़ीक़त बनते हैं।

३०. मंज़िल

कदम डगमगाए कई बार,
रास्ते भी धुंधले हुए।

कभी गिरा
कभी फिर खड़ा हुआ,
कभी हारकर भी
मुस्कुरा दिया।

ज़िन्दगी ने
कई इम्तिहान लिए,
कभी दर्द दिया
कभी उम्मीद।

पर मैंने सीखा है -
रास्ते चाहे कितने मुश्किल हों,
चलते रहो।

क्योंकि
धीरे धीरे ही सही,
हर मुसाफ़िर
अपनी मंज़िल तक पहुँच जाता है।

अंतिम पंक्तियाँ

कुछ रास्ते
मंज़िल तक पहुँचकर खत्म हो जाते हैं।

और कुछ रास्ते
हमें खुद से मिलवा देते हैं।

शायद
यही सफ़र
खामोशियों के उस पार ले जाता है।

लेखक के बारे में

अभिषेक सिंह एक संवेदनशील कवि हैं जो जीवन के साधारण अनुभवों में छिपी भावनाओं को शब्दों में व्यक्त करने का प्रयास करते हैं। उनकी कविताएँ **ज़िन्दगी, रिश्तों, यादों, तन्हाई और उम्मीद** जैसे विषयों के इर्द-गिर्द घूमती हैं। सरल भाषा और सच्चे भाव उनके लेखन की पहचान हैं।

अभिषेक सिंह का मानना है कि जीवन की कई कहानियाँ शब्दों में नहीं, बल्कि **खामोशियों** में लिखी जाती हैं। उनकी रचनाएँ उन्हीं अनकहे एहसासों और आत्ममंथन के क्षणों को कविता के रूप में सामने लाती हैं।

"खामोशियों के उस पार" उनका पहला काव्य संग्रह है, जिसमें उन्होंने जीवन के अलग-अलग पहलुओं जैसे **सफ़र, रिश्ते, यादें और उम्मीद** को सहज और संवेदनशील शब्दों में व्यक्त किया है। यह संग्रह पाठकों को आत्मचिंतन की एक ऐसी यात्रा पर ले जाता है, जहाँ वे अपने अनुभवों और भावनाओं को नए दृष्टिकोण से महसूस कर सकते हैं।

www.ingramcontent.com/pod-product-compliance
Lightning Source LLC
LaVergne TN
LVHW090433210926
848480LV00002B/801
9798904312114